VERMICULAR RICEPOT RECIPE BOOK

バーミキュラ ライスポット
絶品おまかせ料理

星野 奈々子

PARCO出版

CONTENTS

MEAT RECIPES
肉

SEAFOOD RECIPES
魚介

VEGETABLE RECIPES
野菜

SOUP RECIPES
スープ

RICE・NOODLE RECIPES
ご飯・麺

DESSERT RECIPES
デザート

INTRODUCTION

バーミキュラ ライスポットは「世界一、おいしいご飯が炊ける炊飯器」を目指して開発された調理器具です。毎日おいしいご飯を炊くのに重宝している方も多いと思います。

もちろん炊飯機能は素晴らしいのですが、炊飯だけに使うにはもったいないほど、画期的な調理機能を備えています。ぜひたくさんの方にライスポットの調理機能の良さを知っていただきたいと思い、本書を作成しました。料理初心者の方や忙しい方でも簡単に作っていただけるように、下ごしらえした材料を入れ、STARTボタンを押すだけで、美味しい料理ができあがるように考えています。

バーミキュラ ライスポットは料理作りに悩む全ての人を助けてくれる魔法の調理器具だと思っています。日々の料理にこの本がお役に立てたら嬉しいです。

Point 1　無水調理

バーミキュラはふたと本体の密閉性が非常に高く、無水調理をするのに最適な鍋です。食材と最低限の調味料を加えて無水で加熱し、素材本来の旨みを引き出します。スープ料理もまずは無水で加熱して食材の旨みを引き出し、後から必要な水分を加えるようにしています。

Point 2　おまかせできる火入れ

下ごしらえした食材を入れ、火加減とタイマーを設定し、STARTボタンを押すと、あとは待つだけで料理が完成します。最初に火加減を設定すれば、ヒートセンサーが最適な火加減をキープしてくれます。火加減の調整が難しい無水調理もスイッチ一つでおまかせできます。火を使わないため、小さなお子さんがいる方や仕事をしながら料理をする方には特におすすめです。

Point 3　簡単にできる絶品料理

バーミキュラの鋳物ホーロー鍋は熱伝導率が高く、熱ムラも少ないため、食材に均一に火を通すことができます。また、遠赤外線効果が高く、食材の組織を壊さずに内側から発熱を促すので煮崩れしにくく食材の旨みを引き出します。シンプルで簡単な手順で本格調理を実現します。

調理モードの使い方

基本はライスポットに下ごしらえした食材を入れ、
火力・タイマーを設定し（火加減と分数は各レシピの作り方を参照してください）、
STARTボタンを押して待つだけで料理が完成します。

1 ライスポットに食材を加えてふたをする。

2 火力を設定する。
＊本書の場合、弱火、または極弱火を使用します。

3 タイマーを設定する。
＊タイマーを設定しない場合、連続運転となります。

4 STARTボタンを押す。
＊運転を停止する場合は1秒長押しします。

5 完成

・途中で水分や粉類を加えるレシピ
ー途中で食材を加える場合ー（**P7**）

・本書のレシピに「ワンランクアップポイント」と
　書かれているもの
ー焼きつけてから調理する場合ー（**P7**）

・ご飯のレシピ
ー炊飯モードの使い方ー（**P8**）

その他の場合の手順は上記を参考にしてください。

― 途中で食材を加える場合 ―

1 ふたを開けて食材を加える。

＊ふたを開けるときは、熱いのでミトンなどを使用してください。

2 ふたをして、再び火力、タイマーを設定し、START ボタンを押す。

＊本書の場合、弱火、または極弱火を使用します。

― 焼きつけてから調理する場合 ―

レシピに「ワンランクアップポイント」の記載がある場合、
中火で焼きつけてから煮ると、より風味が良くなります。

1 ライスポットに何も入れず、火力を中火に設定して START ボタンを押す。

2 約3分後、ピピッと音が鳴り、［炒めOK］の表示が 出たら食材を入れる。

3 食材を焼きつける。

4 一度焼いた食材を取り出し、レシピに沿って食材を 加える。

炊飯モードの使い方

本書では炊飯モードを使用した炊き込みご飯のレシピをご紹介しています。
ライスポットに米と水、調味料を入れて混ぜ、具材をのせて
STARTボタンを押して待つだけで炊き込みご飯が完成します。

1 ライスポットに食材を加えてふたをする。

※米・水・調味料を順に入れたらひと混ぜし、具をのせて加熱
することがむらなく炊くポイントです。

2 炊飯コース・炊飯量を設定する。

※炊き込みご飯を炊くときは、加える具材の量約330gにつき、
炊飯量を1カップ多めに設定して炊いてください。

3 仕上がり時刻を設定する。

※調味料を入れてから炊飯開始までに時間がたつと、調味料
が底にたまって焦げやすくなるため、すぐに炊くことをおすす
めします。

4 STARTボタンを押す。

※運転を停止する場合は1秒長押しします。

5 完成

本書のきまり

・材料表に記した分量は小さじ1＝5ml、大さじ1＝15mlです。
米は1カップ（1合）＝180mlです。

・使用する調味料は商品によって塩分量や味わいが異なるため、
味見をして量を調整してください。

本書ではバーミキュラ ライスポット（5合炊き）を使ったレシピ
を記載しています。バーミキュラ ライスポット ミニ（3合炊き）
を使用する場合は材料の分量を「3分の2」、調理時間はバーミ
キュラ ライスポット（5合炊き）のレシピと「同じ」にしてお試し
ください（本書のレシピの場合に限ります）。

その他の機能はバーミキュラライスポット取扱説明書、または公式レシピブックをご参照ください。

MEAT
RECIPES
肉

braised pork shoulder loin and lentils

豚肩ロースとレンズ豆の煮込み

豚肩ロース肉を赤ワインでじっくりとやわらかくなるまで煮込みました。
煮汁にレンズ豆を加えて旨みを染み込ませます。
パンやマッシュポテトを添えても。

材料（4人分）

豚肩ロース肉	400g
塩・砂糖	各小さじ1
玉ねぎ	1個（200g）
にんにく	1片
レンズ豆（乾燥・皮付き）	大さじ4
A ┌ 赤ワイン	200ml
水	100ml
バルサミコ酢	大さじ2
└ はちみつ	大さじ2

下準備

豚肉は2cm幅に切り、塩と砂糖をもみ込んで保存袋に入れ、冷蔵庫で一晩おく。

作り方

1 玉ねぎは1cm角に切る。にんにくは薄切りにする。レンズ豆はざるに入れてさっと洗い、水気をきる。

2 ライスポットに1の玉ねぎ、にんにくを入れて豚肉をのせ、ふたをして弱火で15分加熱する。

3 ふたを開けてAを加えて混ぜ、ふたをしてさらに弱火で60分加熱する。

4 ふたを開けてレンズ豆を加えて混ぜ、ふたをしてさらに弱火で60分加熱する。

豚肉が十分にやわらかくなってから、レンズ豆を加えます。

┃ワンランクアップポイント┃

ライスポットに何も入れずに中火で約3分加熱し、炒めOKの表示が出たら豚肉を入れて全体に焼き色がつくまで焼いてから他の材料を加えて煮ると、より風味良く仕上がります。

stewed salted pork and white kidney beans

塩豚と白いんげん豆の煮込み

塩と砂糖をもみ込んで寝かせたボリューム感のある豚肩ロース肉がメイン。
豆は煮崩れてスープと一体化するくらいまで煮込みます。

材料（4人分）

豚肩ロースかたまり肉 …………………………	400g
塩、砂糖 ………………………………	各小さじ1
キャベツ …………………………………	1/8個（150g）
玉ねぎ……………………………………	1個（200g）
にんにく………………………………………	1片
白いんげん豆（水煮）……………………………	200g
白ワイン ………………………………	100ml
ローリエ ………………………………………	1枚

下準備

豚肉は2cm幅に切り、塩と砂糖をもみ込んで保存袋に入れ、冷蔵庫で
一晩おく。

作り方

1 キャベツはざく切りにする。玉ねぎは1cm角に切る。にんにくは薄切
   りにする。白いんげん豆は汁気をきる。

2 ライスポットに玉ねぎ、にんにくを入れて豚肉をのせ、さらにキャベ
   ツ、白いんげん豆を入れて白ワインをまわしかけ、ローリエを加える。
   ふたをして弱火で60分加熱する。

┃ワンランクアップポイント┃

ライスポットに何も入れずに中火で約3分加熱し、炒めOKの表示が出
たら豚肉を入れて全体に焼き色がつくまで焼いてから他の材料を加えて
煮ると、風味が良くなります。

ethnic stew of beef, broccoli and tomato

牛肉とブロッコリーとトマトの
エスニック煮込み

牛肉とブロッコリーをエスニックの調味料でさっと煮ます。
トマトの旨みがソースと一体化してまろやかで優しい味わいに。

材料（4人分）

牛こま切れ肉	200g		オイスターソース	大さじ2
ブロッコリー	1個（200g）	**A**	ナンプラー	大さじ1
トマト	1個（150g）		酒	大さじ1
にんにく	1片		ごま油	大さじ1

作り方

1 ブロッコリーは小房に分けて洗い、水気をきる。トマトはくし形に切
  る。にんにくは薄切りにする。

2 ライスポットにごま油をまわし入れて**1**を入れ、牛肉を広げてのせる。
  混ぜ合わせた**A**をまわしかけ、ふたをして弱火で20分加熱する。

boiled chicken wings and green onions in nampula

鶏手羽先とねぎのナンプラー煮

鶏手羽先と長ねぎにナンプラーを加えて蒸し煮にしました。
一度冷ますと味が染みて美味しくなります。

材料（4人分）

鶏手羽先肉 ……………………………………	8本
長ねぎ…………………………………………	1本
A ┌ ナンプラー ……………………………	大さじ1
└ 酒 …………………………………………	大さじ1
米油 ……………………………………………	大さじ1

作り方

1 長ねぎは5cm幅に切る。
2 ライスポットに米油をまわし入れ、鶏手羽先を皮を下にして入れ、長ねぎを加えて**A**をまわしかける。
3 ふたをして弱火で30分加熱し、そのままおいて味を含ませる。

braised chicken thigh and mushrooms

鶏もも肉ときのこの蒸し煮

バーミキュラの気密性により、鶏肉や野菜の旨みを引き出した蒸し煮です。
鶏もも肉を丸ごと使うので、ボリュームもありメイン料理にも。

材料（4人分）

鶏もも肉 ……………………………… 2枚（600g）
塩 …………………………………………… 小さじ1
しめじ ……………………………………… 1袋（100g）
玉ねぎ ……………………………………… 1個（200g）
にんにく…………………………………………… 1片
タイム（あれば）……………………………… 4〜5枝

作り方

1 鶏肉は余分な脂を取り除き、表面に塩をまぶす。しめじは石づきを落
　として小房に分ける。玉ねぎ、にんにくは薄切りにする。

2 ライスポットに**1**の玉ねぎ、しめじ、にんにくを入れて、鶏肉を加え、
　タイムをのせる。ふたをして弱火で40分加熱する。

❚ワンランクアップポイント❚

ライスポットに何も入れずに中火で約3分加熱し、炒めOKの表示が出
たら鶏肉を入れて皮目に焼き色がつくまで焼いてから他の材料を加えて
煮ると、より風味良く仕上がります。

＊タイムはなくてもOKですが、加えると香り良く仕上がります。タイムの代わり
にローズマリー、ローリエなどもおすすめです。

野菜を入れてから鶏肉をのせることで鶏
肉が鍋底にくっつきにくくなります。

chicken thigh and white beans simmered in tomato

鶏もも肉と白いんげん豆のトマト煮

鶏肉を白いんげん豆とトマトで煮込んだ料理。
トマトの酸味と煮崩れた白いんげん豆のとろみが味をまとめます。

材料(**4人分**)

鶏もも肉 ………………………… 2枚(600g)	にんにく …………………………………… 1片
塩 ……………………………………… 小さじ1	白いんげん豆(水煮) …………………… 200g
玉ねぎ …………………………… 1個(200g)	ローリエ …………………………………… 1枚
トマト ……………………………… 2個(300g)	

作り方

1 鶏肉は余分な脂を取り除き、表面に塩をまぶす。玉ねぎは1cm角、トマトは2cm角に切る。にんにくは薄切りにする。白いんげん豆は汁気をきる。

2 ライスポットに**1**の玉ねぎ、トマト、鶏肉を加え、にんにく、白いんげん豆とローリエをのせる。ふたをして弱火で60分加熱する。

|ワンランクアップポイント| ライスポットに何も入れずに中火で約3分加熱し、炒めOKの表示が出たら鶏肉を入れて皮目に焼き色がつくまで焼いてから他の食材を加えて煮ると、より風味良く仕上がります。

basque braised chicken

鶏肉のバスク風煮込み

鶏もも肉とパプリカ、トマトを煮込んだバスクの郷土料理。
生ハムとパプリカパウダーを加えることで味に深みが出ます。

材料（4人分）

鶏もも肉	2枚（600g）	薄力粉	大さじ2
塩	小さじ1	パプリカパウダー	小さじ1
パプリカ（赤・黄）	各1個	カットトマト	1缶（400g）
玉ねぎ	1/2個（100g）	生ハム	8枚（50g）
にんにく	1片	ローリエ	1枚

作り方

1 鶏肉は余分な脂を取り除き、大きめの一口大に切って塩をまぶす。パプリカは種とワタを取り除き、2cm角に切る。玉ねぎ、にんにくは薄切りにする。

2 ライスポットにパプリカ、玉ねぎ、にんにくを入れて鶏肉をのせ、ふたをして弱火で30分加熱する。

3 ふたを開けて薄力粉、パプリカパウダーを入れて粉っぽさがなくなるまで混ぜる。カットトマト、手でちぎった生ハムを加えて混ぜ、ローリエをのせる。ふたをしてさらに弱火で20分加熱する。

|ワンランクアップポイント| ライスポットに何も入れずに中火で約3分加熱し、炒めOKの表示が出たら鶏肉を入れて皮目に焼き色がつくまで焼いてから他の食材を加えて煮ると、より風味良く仕上がります。

boiled chicken, sweet potato
and lotus root in sweet and sour sauce

鶏肉とさつまいもとれんこんの甘酢煮

さつまいもとれんこんがほくほくとした食感に。
鶏肉にまぶした片栗粉で自然なとろみがつきます。

材料（4人分）

鶏もも肉 ···································1枚（300g）	しょうゆ ···································大さじ2
片栗粉 ···································大さじ1/2	**A** 酢 ···································大さじ2
さつまいも ···································1本（250g）	砂糖 ···································大さじ1
れんこん ···································1節（200g）	

作り方

1 鶏肉は余分な脂を取り除き、一口大に切って片栗粉をまぶす。さつまいも、れんこんは乱切りにし、水にさらして水気をきる。

2 ライスポットにさつまいも、れんこんを入れて鶏肉をのせ、混ぜ合わせた**A**をまわしかける。ふたをして弱火で30分加熱し、ふたを開けて混ぜ合わせる。

chicken dumplings and asparagus in mustard cream

鶏だんごとアスパラガスのマスタードクリーム煮

食べごたえのある大きめな鶏だんごに
粒マスタードと生クリームを加えて濃厚なクリーム煮に仕上げました。

材料（4人分）

A	鶏ひき肉	300g	アスパラガス	6本
	卵	1個	白ワイン	50ml
	塩	小さじ1/2	B 粒マスタード	大さじ1
	パン粉	40g	生クリーム	200ml
玉ねぎ		1個(200g)	塩	小さじ1/2
しめじ		1袋(100g)		

作り方

1 玉ねぎ1/2個は薄切りにし、残りの1/2個はみじん切りにする。しめじ
は石づきを落とし、小房に分ける。アスパラガスは根元の固い部分の
皮をむき、5cmの長さに切る。

2 みじん切りにした玉ねぎをボウルに入れ、**A**を加えてよく混ぜ合わせ
る。

3 ライスポットに薄切りにした玉ねぎとしめじを入れる。**2**を12等分に
して丸めてのせ、白ワインをまわしかけ、ふたをして弱火で20分加熱
する。

4 ふたを開けてアスパラガス、**B**を加えて軽く混ぜ、ふたをしてさらに弱
火で10分加熱する。

pulled pork
プルドポーク

豚肉をホロホロになるまで煮込んでほぐしたアメリカのバーベキュー料理。
パンに挟んでバーガーやサンドイッチにしたり、
ご飯にのせて丼にしたりといろいろなバリエーションが楽しめます。

材料（作りやすい分量）

豚肩ロースかたまり肉	…………………………	600g
A チリパウダー	…………………………	小さじ1
パプリカパウダー	…………………………	小さじ1
塩	…………………………	小さじ1
砂糖	…………………………	小さじ1
にんにく（すりおろし）	…………………………	小さじ1
水	…………………………	200ml
B ケチャップ	…………………………	大さじ1
中濃ソース	…………………………	大さじ1

作り方

1 豚肉は2cm幅に切って保存袋に入れて**A**をまぶし、冷蔵庫で約30分おく。

2 ライスポットに**1**と水を入れ、ふたをして弱火で90分加熱する。

3 豚肉を箸などで細かくほぐし、**B**を加えて混ぜ合わせる。

| ワンランクアップポイント |
ライスポットに何も入れずに中火で約3分加熱し、炒めOKの表示が出たら豚肉を入れて全体に焼き色がつくまで焼いてから弱火にして水を加えて煮ると、風味が良くなります。

| アレンジ |
野菜とともにトルティーヤに挟むとタコスに。パンに挟むとプルドポークサンドに。

ホロホロになるまで煮込んだ豚肉を箸などで好みの大きさにほぐします。

chicken curry

チキンカレー

鶏肉と野菜の旨みをじっくりと引き出して奥深い味わいに仕上げます。
カレーのスパイスはお好みのものを使ってアレンジしても。

材料（4人分）

鶏もも肉 ···················· 2枚(600g)	カレー粉 ···················· 大さじ2
塩（下味用） ················ 小さじ1/2	薄力粉 ······················ 大さじ2
玉ねぎ ······················ 2個(400g)	パプリカパウダー ············ 大さじ1
りんご ······················ 1個(200g)	A ┌ 生クリーム ·············· 100ml
にんにく（すりおろし） ········ 小さじ1	┃ はちみつ ················ 大さじ2
しょうが（すりおろし） ········ 小さじ1	└ バター ···················· 20g
カットトマト ················ 1缶(400g)	ご飯 ························ 4杯分
塩 ·························· 小さじ1	

作り方

1 鶏肉は余分な脂を取り除いて一口大に切り、塩をまぶす。玉ねぎは薄
  切りにする。りんごは皮をむいて1cm角に切る。

2 ライスポットに玉ねぎ、りんご、にんにく、しょうがを入れて塩を加え
  て混ぜ、鶏肉をのせてカットトマトをまわし入れる。ふたをして弱火
  で60分加熱する。

3 ふたを開けてカレー粉、薄力粉、パプリカパウダーを加えて混ぜ、粉っ
  ぽさがなくなったらAを加えてさらに混ぜる。ふたをして弱火でさら
  に10分加熱する。

4 器にご飯を盛り、3をかける。

dry curry

ドライカレー

カレー粉で作るドライカレー。薄力粉を少量加えることで、程よいとろみがつきます。
砂糖の代わりにチャツネやジャムで甘みをつけるのもおすすめです。

材料（4人分）

豚ひき肉	400g	カレー粉	大さじ2
玉ねぎ	1個（200g）	薄力粉	大さじ1
にんじん	1/2本（80g）	ケチャップ	大さじ2
にんにく	1片	A しょうゆ	大さじ1
しょうが	1片	砂糖	大さじ1
トマト	1個（150g）	温泉卵	4個
塩	小さじ1/2	ご飯	4杯分

作り方

1 玉ねぎ、にんじん、にんにく、しょうがはみじん切りにする。トマトは
  1cm角に切る。
2 ライスポットに**1**と豚ひき肉を入れ、塩を加えて混ぜる。ふたをして
  弱火で20分加熱する。
3 ふたを開けてカレー粉と薄力粉を加えて肉をほぐしながら混ぜ、粉っ
  ぽさがなくなったら**A**を加えてさらに混ぜる。ふたをして弱火でさら
  に20分加熱し、よく混ぜ合わせる。
4 器にご飯を盛り、**3**と温泉卵をのせる。

minced pork rice

魯肉飯

台湾の人気定番料理。バーミキュラの高い気密性を利用して引き出した
食材の水分と少量の調味料で煮込みます。

材料（**4人分**）

豚肩ロース肉	400g		しょうゆ	大さじ2
しいたけ	6枚		酒	大さじ2
玉ねぎ	1個（200g）	**A**	砂糖	大さじ2
にんにく	2片		ごま油	大さじ1
ゆで卵	2個		五香粉	小さじ1
パクチー	適量	ご飯		4杯分

作り方

1 豚肉は1.5cm角に切る。しいたけは軸を落とし、1cm角に切る。玉ね
　ぎは5mm角に切る。にんにくは薄切りにする。

2 ライスポットに**1**と**A**を入れて混ぜ合わせ、ふたをして弱火で50分加
　熱する。ふたを開けて混ぜ、中火で3分ほど加熱して水分を飛ばす。

3 器にご飯を盛り、半分に切ったゆで卵とざく切りにしたパクチーを添
　える。

SEAFOOD
RECIPES
魚介

steamed red snapper with white wine

金目鯛の白ワイン蒸し

金目鯛と野菜を少量の白ワインで蒸し煮にします。
オリーブとケイパーを加えることで味に深みが出てリッチな味わいに。
ふたを開けた瞬間、タイムの香りがふわっと広がります。

材料（4人分）

金目鯛 ………………………………………… 4切れ
塩 …………………………………………… 小さじ1/2
スナップエンドウ ………………………………… 12本
ミニトマト ………………………………………… 12個
黒オリーブ（種ぬき） ……………………………… 6個
ケイパー ………………………………………… 大さじ1
白ワイン …………………………………………… 50ml
タイム（あれば） ………………………………… 3〜4枝

作り方

1 金目鯛は表面に塩をまぶす。スナップエンドウは筋を取る。ミニトマトはヘタを取り、半分に切る。オリーブは輪切りにする。

2 ライスポットにスナップエンドウ、ミニトマトを入れて金目鯛をのせ、オリーブとケイパーを加える。白ワインをまわし入れ、タイムをのせる。ふたをして弱火で15分加熱する。

※金目鯛の代わりに他の白身魚でも。

野菜の上に金目鯛をのせると底にくっつきにくくなります。

steamed salmon and asparagus with lemon

さけとアスパラガスのレモン蒸し

さけが野菜の水分で蒸されてふっくらとした仕上がりに。
レモンの風味が爽やかに広がります。

材料（**4人分**）

生さけ ………………………………………………	4切れ
塩 ……………………………………………………	小さじ1/2
アスパラガス ………………………………………	6本
玉ねぎ ………………………………………………	1/2個
レモン ………………………………………………	1/2個
塩・こしょう ………………………………………	各少々

作り方

1 さけは骨を抜いて表面に塩をまぶす。アスパラガスは根元の固い部分
　の皮をむき、5cmの長さに切る。玉ねぎは1cm角に切る。レモンはよ
　く洗い、輪切りにする。

2 ライスポットにアスパラガス、玉ねぎを入れ、さけとレモンをのせる。
　ふたをして弱火で20分加熱し、塩、こしょうで味を調える。

nest prawn dumpling

巣ごもりえびシュウマイ

せん切りにしたキャベツの上で蒸し煮にしたシュウマイ。
えびは食感が残るように大きめに切ります。

材料(4人分)

キャベツ	150g	しょうゆ	小さじ2
むきえび	100g	A 酒	小さじ2
玉ねぎ	100g	ごま油	小さじ2
豚ひき肉	200g	片栗粉	大さじ1
		シュウマイの皮	16枚
		しょうゆ・酢	各適量

作り方

1 キャベツはせん切りにする。えびは1〜2cm幅に切る。玉ねぎはみじん切りにする。

2 ボウルに**1**の玉ねぎとえび、豚ひき肉、**A**を加えてよく混ぜ合わせ、16等分にしてシュウマイの皮で包む。

3 ライスポットに**1**のキャベツを入れ、**2**を並べる。ふたをして弱火で15分加熱する。

4 器に盛り、好みでしょうゆ、酢をつけていただく。

braised seafood in saffron cream

魚介のサフランクリーム煮

えびや白身魚などの魚介と野菜をサフランを加えた白ワインで煮込み、
全体をまろやかに包んでくれる生クリームを加えます。
さまざまな旨みが合わさった贅沢な一品です。

材料（4人分）

えび（無頭・殻付き）	12尾
鯛	2切れ
トマト	1個（150g）
玉ねぎ	1/2個（100g）
セロリ	1/2本（50g）
にんにく	1片
塩	小さじ1
白ワイン	50ml
サフラン	ひとつまみ
タイム	3〜4枝
生クリーム	100ml

作り方

1 白ワインとサフランを容器に入れ、色素を引き出しておく。

2 えびは尾を残して殻をむき、背わたを取って片栗粉（分量外）をまぶして洗う。トマト、玉ねぎ、セロリは1cm角に切る。にんにくは薄切りにする。

3 ライスポットにトマト、玉ねぎ、セロリ、にんにくを入れてえび、鯛をのせ、全体に塩をまぶす。1を入れてタイムをのせ、ふたをして弱火で15分加熱する。

4 ふたを開けて生クリームを入れ、ふたをして弱火で5分加熱する。

魚介や野菜から旨みを引き出した煮汁に生クリームを加え、温める程度に加熱します。

boiled octopus and potato with tomato

たことじゃがいものトマト煮

たことトマトの旨みをじゃがいもに吸わせたスペイン風の煮物。
パプリカパウダーが味に深みを加えます。

材料(4人分)

たこ（ゆで・足） ························200g
じゃがいも ·························2個（300g）
A ┌ カットトマト ·····················1/2缶（200g）
　├ パプリカパウダー ·····················小さじ1
　└ 塩 ·····························小さじ1/2

作り方

1 たこは4cm幅に切る。じゃがいもは3〜4cm角に切り、水にさらして
　水気をきる。
2 ライスポットに**1**と**A**を入れて混ぜ、ふたをして弱火で40分加熱する。

steamed squid and celery with lemon

いかとセロリのレモン蒸し

相性の良いいかとセロリにレモンの酸味を加えて蒸し煮にしました。
いかは最後に入れて極弱火でやわらかく仕上げます。

材料(4人分)

するめいか ……………………………… 2杯(320g)
セロリ …………………………………… 1本(100g)
レモン …………………………………… 1/4個
塩・黒こしょう …………………………… 各適量

作り方

1 いかは内臓と軟骨を取り除いて洗い、胴は皮をむいて輪切りにする。
  足は2本ずつ切り分け、長いものは切る。セロリは筋を取り、斜め薄切
  りにする。レモンはいちょう切りにする。
2 ライスポットにセロリを入れ、ふたをして弱火で5分加熱する。
3 ふたを開けていかとレモンを加え、ふたをしてさらに極弱火で10分加
  熱する。塩、黒こしょうで味を調える。

portuguese stew of clams and pork

あさりと豚肉のポルトガル風煮込み

あさりと豚肉を蒸し煮にしたポルトガルの家庭料理。
旨みが染み込んだじゃがいもがほくほくに仕上がります。
爽やかな風味づけにパクチーとレモンを添えて。

材料（4人分）

あさり（砂抜きしたもの）	300g
豚こま切れ肉	200g
じゃがいも	3個（450g）
トマト	1個（150g）
にんにく	1片
塩	小さじ1
オリーブオイル	大さじ1
パクチー・レモン	適量

作り方

1 じゃがいもは3〜4cmの一口大に切り、水につけておく。トマトは
2cm角に切る。にんにくは薄切りにする。

2 ライスポットにオリーブオイルをまわし入れ、水気をきったじゃがい
も、トマト、にんにく、豚肉の順に加えて塩をふり、あさりを加え、ふ
たをして弱火で30分加熱する。

3 塩（分量外）で味を調え、刻んだパクチーを散らし、くし形切りにした
レモンを添える。

┃あさりの砂出し方法┃

バットなどに入れ、少し頭が出るくらいに水を注ぎ、塩小さじ1〜2程度
をふって軽く混ぜます。アルミホイルをかぶせて暗くし、常温で1時間ほ
どおきます。

＊あさりが含む塩分により塩加減が異なります。加熱後に味をみて、塩分が薄い
ようであれば塩で味を調えてください。

野菜の上に豚肉を広げ、殻が開きやすい
ようにあさりは最後に加えます。

shrimp and mushroom ajillo

えびときのこのアヒージョ

えびや野菜をオリーブオイルとにんにくで煮たスペイン料理。
砂肝やアスパラガスでも美味しく仕上がります。

材料（4人分）

えび（無頭・殻付き）…………	12尾（240g）	にんにく………………………	2片
エリンギ …………………………	1パック（100g）	塩 ………………………………	小さじ1
ブロッコリー …………………	1個（200g）	オリーブオイル…………………	100ml

作り方

1 えびは尾を残して殻をむき、背わたを取って片栗粉（分量外）をまぶして洗う。エリンギは食べやすい大きさに切る。ブロッコリーは小房に分ける。にんにくは半分に切って芽を取り除く。

2 ライスポットに**1**を入れ、塩を加えて混ぜ、オリーブオイルをまわし入れる。ふたをして弱火で15分加熱する。

＊えびは味が良く、赤く綺麗に仕上がるブラックタイガーがおすすめです。

pacific saury confit

さんまのコンフィ

さんまをオリーブオイルとともに極弱火で煮て骨までやわらかく仕上げます。
バゲットに合わせたり、パスタに入れてアレンジするのがおすすめです。

材料(作りやすい分量)

さんま	4尾	赤唐辛子	1本
塩	小さじ1	ローリエ	1枚
にんにく	4片	オリーブオイル	100ml

1 さんまは全体に塩をまぶし、10分ほどおいて水気をふき、半分に切る。
　にんにくは半分に切って芽を取り除く。赤唐辛子は種を取る。
2 ライスポットに1とローリエを入れてオリーブオイルを注ぎ、ふたをし
　て極弱火で120分加熱する。

＊頭と内臓はお好みで取り除いても。

shigureni of oysters

牡蠣のしぐれ煮

牡蠣は火を通しすぎないように先に取り出し、煮汁を煮詰めて仕上げます。
ご飯にも、お酒のお供にも合う一品です。

材料（4人分）

牡蠣 …………………………250g		しょうゆ …………………… 大さじ2
まいたけ …………………1パック(100g)		みりん …………………………… 大さじ2
長ねぎ …………………………1/2本(50g)	**A**	砂糖 …………………………… 大さじ1
しょうが…………………………1片		ごま油 …………………………… 大さじ1

作り方

1 牡蠣は片栗粉（分量外）をまぶして洗う。まいたけは小房に分ける。長ねぎは斜め薄切りにする。しょうがはせん切りにする。

2 ライスポットに**1**と**A**を入れ、ふたをして弱火で10分加熱する。

3 ふたを開けて牡蠣を取り出し、残りを中火で約10分加熱して煮詰め、粗熱が取れたら保存容器に入れる。牡蠣を加え、そのまま冷まして味を含ませる。

VEGETABLE
RECIPES
野菜

farsi of green pepper

ピーマンのファルシ

ピーマンに肉だねを詰めて、丸ごと蒸し焼きにします。
味付けはケチャップとソースでお手軽に。
色ちがいのピーマンを使うと見た目も華やかです。

材料（4人分）

ピーマン	……………………………………………	4個
赤ピーマン	…………………………………………	4個
玉ねぎ	………………………………………	1/2個（100g）
A ┌ 豚ひき肉	…………………………………	200g
卵	……………………………………………	1個
塩	…………………………………………	小さじ1/2
└ パン粉	…………………………………………	20g
B ┌ ケチャップ	………………………………	大さじ2
└ 中濃ソース	……………………………………	大さじ2
米油	……………………………………………	大さじ1

作り方

1　ピーマン、赤ピーマンはヘタに切り込みを入れて種とワタを取る。

2　玉ねぎはみじん切りにしてボウルに入れ、**A**を加えて混ぜ合わせ、**1**の
　　ピーマンに詰める。

3　ライスポットに米油をまわし入れて**2**を入れ、ふたをして弱火で15分
　　加熱する。

4　ふたを開けてピーマンを裏返し、**B**を加え、ふたをしてさらに弱火で
　　20分加熱する。

＊ピーマンは丸ごと使うことで肉だねが離れづらくなります。

potato and green bean tapenade sauce

じゃがいもとさやいんげんの
タプナードソース

タプナードはオリーブやアンチョビ、にんにく、オリーブオイルを使用した
フランス・プロヴァンス地方のペーストのことです。
じゃがいもとさやいんげんを蒸し焼きにし、オリーブとアンチョビを
最後に加えて手軽に仕上げます。

材料（4人分）

じゃがいも	3個（450g）
さやいんげん	16本（100g）
にんにく	1片
塩	小さじ1/2
アンチョビフィレ	2本
黒オリーブ（種ぬき）	6個
オリーブオイル	大さじ2

作り方

1 じゃがいもは皮つきのまま4〜5cm角に切り、水にさらして水気をきる。さやいんげんはヘタを取る。にんにくは薄切りにする。アンチョビ、オリーブはみじん切りにする。

2 ライスポットにオリーブオイルをまわし入れてにんにくを入れ、弱火で3分加熱する。じゃがいもとさやいんげんを加えて全体に塩をふって軽く混ぜ、ふたをして弱火で25分加熱する。

3 2にアンチョビ、オリーブを加えて混ぜ合わせる。

にんにくを弱火で炒めて香りを出してからじゃがいもを加えます。

garlic steamed broccoli

ブロッコリーのガーリック蒸し

蒸し焼きにしてブロッコリーの旨みを引き出します。
ブロッコリーの切り目を底につけることで程よい焼き色がつき、香ばしい仕上がりに。

材料（2人分）

ブロッコリー	1個（200g）
にんにく	2片
塩	小さじ1/4
オリーブオイル	大さじ1

作り方

1 ブロッコリーは小房に分けて洗い、水気をきる。にんにくは薄切りにする。
2 ライスポットにオリーブオイルをまわし入れ、ブロッコリーを入れてにんにくをのせ、塩をふる。ふたをして弱火で15分加熱する。

cumin steamed chickpeas and cabbage

ひよこ豆とキャベツのクミン蒸し

ひよこ豆とキャベツにクミンシードを加えて蒸した
シンプルで香り豊かな野菜料理です。

材料（4人分）

キャベツ	1/4個（300g）
ひよこ豆（水煮）	200g
A ┌ クミンシード	小さじ2
└ 塩	小さじ1/2
米油	大さじ1

作り方

1 キャベツは3〜4cmのざく切りにする。ひよこ豆は汁気をきる。

2 ライスポットに米油をまわし入れて**1**を入れ、**A**を加えて軽く混ぜる。
ふたをして弱火で20分加熱する。

＊ひよこ豆はドライパック（蒸し煮）でも同様に使えます。

basque stew with paprika and tomato

パプリカとトマトのバスク風煮込み

パプリカとトマトをやわらかくなるまで蒸し煮にし、
生ハムと卵を加えたバスク風の煮込み料理。

材料（4人分）

パプリカ（赤・黄）‥‥‥‥‥‥‥‥‥各1個	オリーブオイル‥‥‥‥‥‥‥‥‥大さじ1
トマト‥‥‥‥‥‥‥‥‥‥‥‥1個（150g）	生ハム‥‥‥‥‥‥‥‥‥‥‥8枚（50g）
玉ねぎ‥‥‥‥‥‥‥‥‥‥‥1/2個（100g）	卵‥‥‥‥‥‥‥‥‥‥‥‥‥‥‥‥2個
にんにく‥‥‥‥‥‥‥‥‥‥‥‥‥‥1片	パプリカパウダー‥‥‥‥‥‥‥‥‥適量
塩‥‥‥‥‥‥‥‥‥‥‥‥‥‥小さじ1/2	

作り方

1 パプリカは種とワタを取り除き、細切りにする。トマトは2cm角に切る。玉ねぎ、にんにくは薄切りにする。

2 ライスポットにオリーブオイルをまわし入れ、**1**と塩を加えて軽く混ぜる。ふたをして弱火で20分加熱する。

3 手でちぎった生ハムを散らし、卵を割り入れる。再び弱火にし、ふたを開けたまま卵が固まるまで5分ほど加熱し、パプリカパウダーをふる。

＊卵はそのまま加えていますが、お好みで溶いてから加え、混ぜながら火を通すのもおすすめです。

okra and cauliflower sabzi

オクラとカリフラワーのサブジ

野菜にカレー粉やクミンを加えて蒸し焼きにしたインド料理の一種。
スパイスの香りと食感がくせになる味わいです。

材料（4人分）

カリフラワー	1個（300g）	レモン汁	大さじ1
オクラ	8本	米油	大さじ1
A ┌ カレー粉	小さじ1		
├ クミンシード	小さじ1		
└ 塩	小さじ1/2		

作り方

1 カリフラワーは小房に分ける。オクラはガクをむき取る。

2 ライスポットに米油をまわし入れて**1**を入れ、**A**を加えて軽く混ぜる。
　ふたをして弱火で20分加熱する。

3 ふたを開け、レモン汁を加えて混ぜ合わせる。

彩り野菜とベーコンのクスクス煮込み

パプリカ、なす、ズッキーニなど彩りの良い野菜とベーコンを
トマトの水煮とともに煮て野菜の旨みをクスクスにたっぷりと染み込ませます。
冷やしても美味しくいただけます。

材料（4人分）

パプリカ（赤・黄）…………………………	各1個（300g）
なす …………………………………………	1本（80g）
ズッキーニ …………………………………	1本（200g）
玉ねぎ………………………………………	1/2個（100g）
にんにく……………………………………	1片
ベーコンブロック…………………………	80g
カットトマト………………………………	1缶（400g）
塩 ……………………………………………	小さじ1
ローリエ ……………………………………	1枚
クスクス ……………………………………	50g
オリーブオイル……………………………	大さじ1

作り方

1 パプリカは種とワタを取り除き、2〜3cm角に切る。なす、ズッキーニ
は1cm幅の輪切りにする。玉ねぎは2cm角に切る。にんにくは薄切り
にする。ベーコンは1cm角に切る。

2 ライスポットにオリーブオイルをまわし入れ、**1**とカットトマト、塩を
加えて軽く混ぜ、ローリエをのせる。ふたをして弱火で60分加熱する。

3 ふたを開けてクスクスを加えて軽く混ぜ、そのままふたをして5分蒸
らす。

最後にクスクスを加えて蒸らし、食材か
ら出た煮汁を染み込ませます。

pumpkin and deep-fried tofu flavored minced meat

かぼちゃと厚揚げのそぼろ煮

ほくほくとしたかぼちゃととろっとした厚揚げに
鶏ひき肉の旨みが染み込んだ優しい味わいの煮物です。

材料（4人分）

かぼちゃ	300g
厚揚げ	2枚（300g）
鶏ひき肉	150g
A ┌ しょうゆ	大さじ2
└ みりん	大さじ2
ごま油	大さじ1

作り方

1 かぼちゃは種とワタを取り除き、一口大に切る。厚揚げは2〜3cm角
に切る。

2 ライスポットにごま油をまわし入れて**1**を入れ、鶏ひき肉をほぐして
のせる。**A**をまわしかけ、ふたをして弱火で20分加熱し、軽く混ぜる。

eggplant and minced meat simmered in spices

なすとひき肉のスパイス煮

なすの旨みを引き出し、チリパウダーを加えて蒸し煮にしました。
唐辛子ベースですが、辛みは強くなく独特な風味に仕上がります。

材料(4人分)

なす	3本(240g)
豚ひき肉	200g
A チリパウダー	小さじ2
塩	小さじ1/2
オリーブオイル	大さじ1

作り方

1 なすはヘタを取って乱切りにする。
2 ライスポットにオリーブオイルをまわし入れて1を入れ、豚ひき肉を
広げてのせ、Aを加えて軽く混ぜる。ふたをして弱火で20分加熱する。

chili con carne with plenty of vegetables

たっぷり野菜のチリコンカン

レッドキドニービーンズと合挽き肉にチリパウダーを合わせて煮たメキシコ料理。
たっぷりの野菜を加えてヘルシーに仕上げました。
パンを添えたり、ご飯の上にかけていただいても。

材料（4人分）

レッドキドニービーンズ（水煮）……………………200g
玉ねぎ ………………………………………1個（200g）
にんじん ……………………………………1/2本（80g）
トマト ……………………………………… 2個（300g）
にんにく………………………………………………1片
合挽き肉 ………………………………………………200g
A ┌ チリパウダー ………………………………… 大さじ1
　└ 塩……………………………………………… 小さじ1

作り方

1 レッドキドニービーンズは汁気をきる。玉ねぎ、にんじん、トマトは
　1cm角に切る。にんにくは薄切りにする。

2 ライスポットに**1**を入れて合挽き肉を加え、**A**を加えて軽く混ぜる。ふ
　たをして弱火で40分加熱する。

＊レッドキドニービーンズはドライパック（蒸し煮）でも同様に使えます。また大豆や
ひよこ豆、ミックスビーンズでも代用できます。

oyster sauce steamed peppers and pork

ピーマンと豚肉のオイスターソース蒸し

ピーマンと豚肉をオイスターソースでやわらかくなるまで蒸し煮にします。
豚肉に片栗粉をまぶすことで自然なとろみがつきます。

材料（4人分）

豚こま切れ肉 ···································· 200g	オイスターソース ····················· 大さじ1
片栗粉 ·· 大さじ1/2	A 酒 ··· 大さじ1
ピーマン ··· 6個（180g）	しょうゆ ·· 小さじ1
長ねぎ ·· 1/2本	ごま油 ·· 大さじ1
しょうが ··· 1片	

作り方

1 豚肉に片栗粉をまぶす。ピーマンは種とワタを取り除き、5mm幅の細
  切りにする。長ねぎは斜め薄切りにする。しょうがはせん切りにする。

2 ライスポットにごま油をまわし入れてピーマン、長ねぎ、しょうがを入
  れる。豚肉を広げてのせ、混ぜ合わせたAをまわしかける。ふたをし
  て弱火で20分加熱する。

miso stew of pork and cabbage

豚肉とキャベツのみそ煮込み

豚の薄切り肉とキャベツにみそを加えてモツ鍋風に仕上げた煮込み料理です。

材料(4人分)

豚バラ薄切り肉 …………………… 200g	┌ みそ ………………………… 大さじ2
キャベツ …………………… 1/4個(300g)	│ しょうゆ …………………… 大さじ1
もやし …………………………… 100g	**A** 砂糖 ……………………… 大さじ1
ニラ …………………… 1/2束(50g)	│ 酒 ………………………… 大さじ1
にんにく ……………………………… 1片	└ ごま油 …………………… 大さじ1

作り方

1 豚肉は7～8cm幅に切る。キャベツはざく切りにする。ニラは5cm幅
  に切る。にんにくは薄切りにする。

2 ライスポットにキャベツ、もやし、にんにくの半量を入れ、豚肉の半量
  を広げてのせる。残りの野菜と豚肉をのせ、最後にニラをのせる。混
  ぜ合わせた**A**をまわしかけ、ふたをして弱火で20分加熱する。

＊みそは塩分量約11%の米味噌を使用しています。
好みのもので大丈夫ですが、塩分量や味わいにより分量を調整してください。

boiled daikon radish and pork belly with yuzu pepper

大根と豚バラ肉の柚子胡椒煮

表面が香ばしく、ジューシーに焼きあがった大根に
柚子胡椒と豚バラ肉の旨みが染み込んだ煮物です。

材料（**4人分**）

大根	…………………………………………	400g
豚バラ薄切り肉	………………………………	100g
A 酒	…………………………………………	大さじ2
柚子胡椒	……………………………………	小さじ2
ごま油	………………………………………	大さじ1

作り方

1 大根は1.5〜2cm幅の輪切りにする。豚肉は7〜8cm幅に切る。

2 ライスポットにごま油をまわし入れ、大根を入れて豚肉を広げてのせ、
混ぜ合わせた**A**をまわしかける。ふたをして弱火で30分加熱する。

3 ふたを開けて全体を裏返し、10分ほどおいて味を含ませる。

＊大根が大きい場合は半月切りにしても。

SOUP
RECIPES
スープ

鶏手羽元のポトフ

鶏肉と野菜からたっぷりと旨みを引き出したポトフ。
具材がホロホロにやわらかくなるまで煮込みます。

材料（4人分）

鶏手羽元肉 ……………………………………… 4本
鶏もも肉 ………………………………… 1枚（300g）
玉ねぎ……………………………………… 1個（200g）
にんじん ………………………………… 1本（160g）
じゃがいも ……………………………… 1個（150g）
にんにく…………………………………………… 1片
しょうが …………………………………………… 1片
塩 ……………………………………………… 小さじ1.5
水 ……………………………………………… 500ml
ローリエ …………………………………………… 1枚
ディジョンマスタード（お好み）………………… 適量

作り方

1 鶏もも肉は余分な脂を取り除く。玉ねぎは4等分に切る。にんじんは
　横半分に切り、さらに縦4等分に切る。じゃがいもは4等分に切り、水
　にさらして水気をきる。にんにくは半分に切って芽を取り除く。しょ
　うがは薄切りにする。

2 ライスポットに1の玉ねぎ、にんじん、じゃがいも、にんにく、しょうが
　を入れて、鶏手羽元と鶏もも肉をのせて塩をまぶす。ふたをして弱火
　で35分加熱する。

3 ふたを開けて水とローリエを加え、ふたをしてさらに弱火で20分加熱
　する。

4 器に盛り、好みでマスタードを添える。

無水調理で鶏肉と野菜からじっくりと旨
みを引き出してから水分を加えます。

soup with thick cut bacon and turnip

かぶと厚切りベーコンのスープ

かぶと厚切りベーコンを煮たシンプルながら味わい深いスープです。

材料（**4人分**）

かぶ	······	4個（400g）
ベーコンブロック	······	80g
A ⎡ 水	······	400ml
⎣ 塩	······	小さじ1/2
オリーブオイル	······	大さじ1
黒こしょう	······	少々

作り方

1 かぶは茎を1cmほど残して切り落とし、皮をむいて半分に切る。ベーコンは1cm幅に切る。

2 ライスポットにオリーブオイルをまわし入れ、**1**のかぶとベーコンを入れる。ふたをして弱火で15分加熱する。

3 ふたを開けて**A**を加え、ふたをしてさらに弱火で15分加熱する。仕上げに黒こしょうをふる。

＊かぶの茎は少し残すと見た目が綺麗に仕上がります。
　根元に砂が残りやすいので竹串などを使って取り除いてください。

pumpkin and tomato soup

かぼちゃとミニトマトのスープ

野菜や豚肉から旨みを引き出して煮たスープ。
かぼちゃの甘みが溶け出し、優しい口当たりです。

材料（4人分）

かぼちゃ	200g	豚こま切れ肉	200g
玉ねぎ	1個(200g)	塩	小さじ1
ミニトマト	10個(100g)	水	400ml
しいたけ	4枚(80g)	ごま油	大さじ1

作り方

1 かぼちゃは種とワタを取り除き、1cm幅の一口大に切る。玉ねぎは
1cm角に切る。ミニトマトは半分に切る。しいたけは軸を落として
5mm幅の薄切りにする。

2 ライスポットにごま油をまわし入れて**1**を入れ、豚肉と塩を加えて軽
く混ぜる。ふたをして弱火で20分加熱する。

3 ふたを開けて水を加え、ふたをしてさらに弱火で10分加熱する。

gumbo soup

ガンボスープ

オクラでとろみをつけたアメリカ・ルイジアナ州のスープ料理。
スパイシーなチリパウダーが味の決め手です。
食欲をそそる風味でパンにもご飯にもよく合います。

材料（4人分）

豚こま切れ肉 …………………………………	200g
オクラ …………………………………………	10本
玉ねぎ …………………………………………	1個（200g）
トマト …………………………………………	2個（300g）
塩 ………………………………………………	小さじ1
チリパウダー …………………………………	小さじ2
水 ………………………………………………	300ml
ごま油 …………………………………………	大さじ1

作り方

1 オクラはガクをむき取り、1cm幅の小口切りにする。玉ねぎは1cm角、
　トマトは2cm角に切る。

2 ライスポットにごま油をまわし入れて**1**を入れ、豚肉を広げてのせ、塩
　を加えて軽く混ぜる。ふたをして弱火で25分加熱する。

3 ふたを開けてチリパウダーを加えて粉っぽさがなくなるまで混ぜ、水
　を加えてふたをしてさらに弱火で10分加熱する。

豚肉と野菜から無水調理で旨みを引き出
し、チリパウダーと水は後から加えます。

vegetable and mixed beans soup

野菜とミックスビーンズのスープ

たっぷりの野菜とミックスビーンズを煮込んだ具だくさんスープ。
にんじんやセロリ、きのこなど余った野菜を刻んで加えても。

材料（4人分）

玉ねぎ	1個(200g)	ミックスビーンズ（ドライパック）	200g
ベーコンブロック	80g	塩	小さじ1
パプリカ（赤・黄）	各1/2個(150g)	水	400ml
にんにく	1片	オリーブオイル	大さじ1

作り方

1 玉ねぎ、ベーコンは1cm角に切る。パプリカは種とワタを取り除き、
  1cm角に切る。にんにくは薄切りにする。

2 ライスポットにオリーブオイルをまわし入れ、1とミックスビーンズを
  入れ、塩を加えて軽く混ぜる。ふたをして弱火で25分加熱する。

3 ふたを開けて水を加え、ふたをしてさらに弱火で10分加熱する。

＊ミックスビーンズは水煮の汁気をきったものでも同様に使えます。また大豆やひよこ豆でも代用できます。

lentil soup

レンズ豆のスープ

歯ごたえのあるレンズ豆と大きめのベーコンがアクセント。
レンズ豆は水で戻す必要がなく、スープや煮込み料理に手軽に使えて便利です。

材料（**4人分**）

玉ねぎ	1個（200g）	レンズ豆（乾燥・皮付き）	100g
にんじん	1/2本（80g）	塩	小さじ1
ベーコンブロック	80g	水	600ml
にんにく	1片	オリーブオイル	大さじ1

作り方

1 玉ねぎ、にんじんは5mm角に切る。ベーコンは1cm角に切る。にんにくはみじん切りにする。レンズ豆はざるに入れてさっと洗い、水気をきる。

2 ライスポットにオリーブオイルをまわし入れ、玉ねぎ、にんじん、ベーコン、にんにくを入れ、塩を加えて軽く混ぜる。ふたをして弱火で20分加熱する。

3 ふたを開けてレンズ豆と水を加え、ふたをしてさらに弱火で30分加熱する。

牛肉とトマトのハンガリー風スープ

鮮やかな赤のパプリカパウダーはハンガリー料理でよく使われる香辛料です。
原材料となるパプリカは唐辛子の一種ですが
辛みはほとんどなく、味に深みを出してくれます。

材料（4人分）

牛もも肉	400g
塩、こしょう	少々
玉ねぎ	1個（200g）
にんじん	1/2本（80g）
にんにく	1片
塩	小さじ1
パプリカパウダー	大さじ1
A 白ワイン	100ml
カットトマト	1缶（400g）

作り方

1 牛肉は2〜3cm角に切り、塩、こしょうで下味をつける。玉ねぎ、にんじんは1cm角に切る。にんにくは薄切りにする。

2 ライスポットに**1**と塩を入れて軽く混ぜ、ふたをして弱火で25分加熱する。

3 ふたを開けてパプリカパウダーを加え、粉っぽさがなくなるまで混ぜ、**A**を加えてふたをして弱火で50分煮る。

┃ワンランクアップポイント┃

ライスポットに何も入れずに中火で約3分加熱し、炒めOKの表示が出たら牛肉を入れて全体に焼き色がつくまで焼いてから他の材料を加えて煮ると、より風味良く仕上がります。

＊輸入物のパプリカパウダーはたまに辛み成分を含むものがあるのでご注意ください。

牛肉と野菜から旨みを引き出してから味のポイントとなるパプリカパウダーを加えます。

korean-style sesame soup with beef and potatoes

牛肉とじゃがいもの韓国風ごまスープ

牛肉とじゃがいもをコチュジャンと練りごまを加えて煮込んだ韓国風スープです。
濃厚なので、ご飯や中華麺を加えていただいても。

材料（4人分）

牛こま切れ肉	200g	
じゃがいも	2個（300g）	
長ねぎ	1本（100g）	
にんにく	1片	
水	400ml	

A		
コチュジャン	大さじ2
練りごま	大さじ2
しょうゆ	大さじ2
砂糖	大さじ1

ごま油	大さじ1
いりごま（白）	小さじ1
青ねぎ（小口切り）	適量

作り方

1 じゃがいもは3〜4cm角に切り、水にさらして水気をきる。長ねぎは
斜め薄切りにする。にんにくは薄切りにする。

2 ライスポットにごま油をまわし入れて1を入れて牛肉をのせ、ふたを
して弱火で20分加熱する。

3 ふたを開けて水とAを加えて混ぜ、ふたをしてさらに弱火で15分加熱
する。仕上げにごまと青ねぎを散らす。

＊練りごまの代わりにすりごまを使用しても。

vermicelli soup with chicken wings and chinese cabbage

鶏手羽先と白菜の春雨スープ

鶏手羽先と白菜からたっぷりと旨みが出た春雨スープ。
馬鈴薯でんぷんを使用した国産春雨が口当たりが良く、おすすめです。

材料（4人分）

鶏手羽先肉	8本	しょうゆ	大さじ1
塩	小さじ1	A 酒	大さじ1
白菜	1/4個（500g）	ごま油	大さじ1
しいたけ	4枚（80g）	水	200ml
にんにく	1片	春雨	30g
しょうが	1片		

作り方

1 鶏手羽先は表面に塩をまぶす。白菜はざく切りにする。しいたけは軸を落として5mm幅の薄切りにする。にんにくは薄切りに、しょうがはせん切りにする。

2 ライスポットに白菜、しいたけ、にんにく、しょうがを入れ、鶏手羽先をのせてAをまわしかける。ふたをして弱火で20分加熱する。

3 ふたを開けて水と春雨を加え、ふたをしてさらに弱火で10分加熱する。

＊春雨は戻さずにそのまま加えます。加えるときに手羽先をいったん横によけて春雨が水分に浸かるようにするとムラなく火を通すことができます。

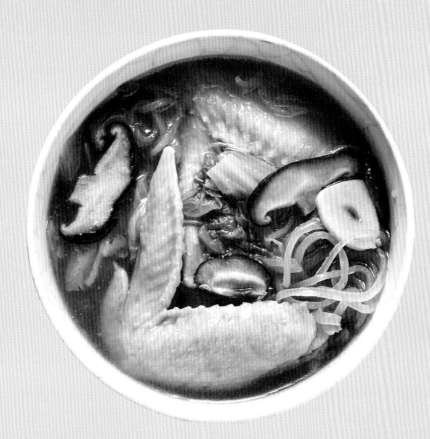

new england clam chowder

ニューイングランドクラムチャウダー

アメリカ東海岸のニューイングランドが発祥の
牛乳を加えたクラムチャウダーです。
本来はホンビノス貝を使用しますが、手に入りやすいあさりで代用しています。

材料（4人分）

あさり（砂出ししたもの）	200g
ベーコンブロック	40g
玉ねぎ	1個（200g）
にんじん	1/2本（80g）
じゃがいも	1個（150g）
セロリ	1/2本（50g）
塩	小さじ1/2
薄力粉	大さじ2
A 水	200ml
牛乳	200ml

作り方

1 ベーコン、玉ねぎ、にんじん、じゃがいも、セロリは1cm角に切る。

2 ライスポットに**1**を入れて塩をふり、軽く混ぜる。あさりをのせ、ふた
 をして弱火で20分加熱する。ふたを開けてあさりを箸で取り出して身
 を殻から外し、身を戻す。

3 薄力粉を加えて混ぜ合わせ、粉っぽさがなくなったら**A**を加えて混
 ぜ、ふたをして弱火で10分加熱する。

┃あさりの砂出し方法┃

バットなどに入れ、少し頭が出るくらいに水を注ぎ、塩小さじ1〜2程度
をふって軽く混ぜます。アルミホイルをかぶせて暗くし、常温で1時間ほ
どおきます。

※あさりが含む塩分により塩加減が異なります。加熱後に味をみて、塩分が薄い
ようであれば塩で味を調えてください。

途中であさりの殻を取り除きます。熱い
ので箸を使用してください。

coconut curry soup with chicken and vegetables

鶏肉と野菜のココナッツカレースープ

ココナッツミルクとカレー粉で仕上げるさらっとしたカレースープです。
カレー粉はお好みのスパイスを調合して使っても。

材料（4人分）

鶏もも肉	1枚（300g）	カレー粉	大さじ2
玉ねぎ	1/2個（100g）	┌ ココナッツミルク	1缶（400ml）
なす	2本（160g）	A │ 水	200ml
パプリカ（赤・黄）	各1/2個	│ ナンプラー	小さじ2
塩	小さじ1	└ 砂糖	小さじ2

作り方

1 鶏肉は余分な脂を取り除き、一口大に切る。玉ねぎは薄切りにする。
　なすは1cm幅の半月切りにする。パプリカは種とワタを取り除き、縦
　に1cm幅に切る。

2 ライスポットに玉ねぎ、なす、パプリカを入れて鶏肉をのせ、塩をふっ
　て全体にまぶす。ふたをして弱火で20分加熱する。

3 ふたを開けてカレー粉を入れ、粉っぽさがなくなるまで混ぜる。Aを
　加えて混ぜ、ふたをしてさらに弱火で20分加熱する。

RICE·NOODLE
RECIPES
ご飯・麺

ethnic rice with beef and corn

牛肉ととうもろこしのエスニックごはん

牛肉ととうもろこし、パクチーをエスニック風味に仕上げた炊き込みご飯です。
一年中いつでも作れるようにとうもろこしは缶詰を使用していますが、
旬の時期にはぜひ生のものでお試しください。

材料（4人分）

米	2カップ（360ml）
コーン缶	1缶（150g）
パクチー	3株
A ┌ 水	300ml
├ ナンプラー	大さじ2
├ レモン汁	大さじ1
└ 酒	大さじ1
牛こま切れ肉	150g

作り方

1 米は研いでざるにあげる。コーン缶は汁気をきる。パクチーは葉と茎に分け、茎は2cm幅に切る。

2 ライスポットに米とAを入れて混ぜ、コーンとパクチーの茎を入れ、牛肉を広げてのせる。ふたをして「白米・ふつう・3カップ」に設定して炊く。

3 炊き上がったら全体を混ぜ合わせて器に盛り、パクチーの葉をのせる。

＊米を3カップで炊く場合はAを水450ml、ナンプラー大さじ3、レモン汁大さじ1.5、酒大さじ1.5に変更し、「白米・ふつう・4カップ」に設定して炊いてください。

＊炊き込みご飯を炊くときは、具材約330gにつき、炊飯量を1カップ多めに設定します。

米と水、調味料を入れて混ぜ、具材を上にのせます。

bacon and olive pilaf

ベーコンとオリーブのピラフ

ベーコンとオリーブを加えた洋風の炊き込みご飯です。
生クリームを加えてリゾットにアレンジしても。

材料（4人分）

米	2カップ（360ml）		水	330ml
ベーコンブロック	80g	A	白ワイン	大さじ2
黒オリーブ（種ぬき）	8個		塩	小さじ1
しめじ	1袋（100g）	黒こしょう		少々

作り方

1 米は研いでざるにあげる。ベーコンは1cm角に切る。オリーブは粗み
  じん切りにする。しめじは石づきを落とし、小房に分ける。
2 ライスポットに米とAを入れて混ぜ、ベーコン、オリーブ、しめじをの
  せる。ふたをして「白米・ふつう・2.5カップ」に設定して炊く。
3 炊き上がったら全体を混ぜ合わせて器に盛り、黒こしょうをふる。

| リゾットにアレンジする場合 | 炊き上がったピラフ200gと生クリーム100mlを鍋に入れ、中火で2分ほど煮て塩、こしょうで
味を調えてください。

※米を3カップで炊く場合はAを水495ml、白ワイン大さじ3、塩小さじ1.5に変更し、「白米・ふつう・3.5カップ」に設定して炊
いてください。

rice cooked with dried scallops and ginger

干し帆立貝柱としょうがの炊き込みごはん

干し帆立貝柱の戻し汁で炊き込んだご飯。
たっぷりの薬味を加えるのがおすすめです。

材料（4人分）

干し帆立貝柱……………………………… 20g	A ┌ 酒………………………………… 大さじ1
水………………………………………… 400ml	└ 塩………………………………… 小さじ1
米 ……………………………… 2カップ（360ml）	青ねぎ・みょうが………………………… 各適量
しょうが…………………………………… 2片	

下準備

干し帆立貝柱を水に浸け、冷蔵庫で一晩おいて戻す。

作り方

1 米は研いでざるにあげる。しょうがはせん切りにする。青ねぎは小口切りに、みょうがはせん切りにする。

2 ライスポットに米を入れ、貝柱の戻し汁（約340ml）、A、しょうがを加えて軽く混ぜる。貝柱を手でほぐしてのせ、ふたをして「白米・ふつう・2カップ」に設定して炊く。

3 炊き上がったら全体を混ぜ合わせて器に盛り、青ねぎ、みょうがを散らす。

＊すぐに炊きたい場合には帆立貝柱を熱湯に30分ほど浸けて戻してください。

＊米を3カップで炊く場合は帆立貝柱を30g、水を600ml（戻し汁は約510ml）、Aを酒大さじ1.5、塩小さじ1.5に変更し、「白米・ふつう・3カップ」に設定して炊いてください。

ボロネーゼ

ひき肉と野菜を蒸し煮にした後、
赤ワインとカットトマトを加えてポットの底についた旨みをこそげ取ります。
ミートソースにフェットチーネを加え、ワンポットで仕上げます。

材料（2人分）

合挽き肉	200g
玉ねぎ	1個（200g）
セロリ	1/2本（50g）
にんにく	1片
塩	小さじ1
赤ワイン	100ml
カットトマト	1缶（400g）
フェットチーネ（茹で時間7分のもの）	140g
水	150ml
すりおろしチーズ	20g

作り方

1 玉ねぎ、セロリは粗みじん切りにする。にんにくはみじん切りにする。

2 ライスポットに合挽き肉を広げ、**1**を入れて塩をふり、軽く混ぜる。ふたをして弱火で20分加熱する。

3 ふたを開けて赤ワインを加え、肉をほぐしながらよく混ぜ合わせる。カットトマトを加えて混ぜ、ふたをしてさらに弱火で20分加熱する。

4 ふたを開けてフェットチーネと水を加えて混ぜ合わせ、ふたをしてさらに弱火で15分加熱する。すりおろしチーズを加えて混ぜ合わせる。

＊合挽き肉を入れるタイミングでクローブパウダーを小さじ1/4程度加えるのもおすすめです。セロリの代わりににんじんを使っても。

＊チーズはパルミジャーノレッジャーノをすりおろしたものを使用しています。

フェットチーネは丸めて乾燥させたタイプがくっつきにくくおすすめです。

penne amatriciana

ペンネ・アマトリチャーナ

トマトベースのお手軽ワンポットパスタ。

できるだけペンネが水分に浸かるようにして入れるとムラなく茹であがります。

材料(2人分)

玉ねぎ······1個(200g)	ペンネ(茹で時間12分のもの)······140g
ベーコンスライス······2枚(40g)	水 ······150ml
にんにく······1片	すりおろしチーズ ······40g
A [カットトマト······1缶(400g)	
[塩 ······小さじ1	

作り方

1 玉ねぎは1cm角に切る。ベーコンは1cm四方に切る。にんにくは薄切りにする。

2 ライスポットに**1**と**A**を入れて軽く混ぜ、ふたをして弱火で15分加熱する。

3 ふたを開けてペンネと水を加えて混ぜ合わせ、ふたをしてさらに弱火で20分加熱する。

4 ふたを開けてすりおろしチーズを加えて軽く混ぜる。

＊ペンネ以外のショートパスタで代用も可能です。

パスタの茹で時間が12分より短い場合:水を120〜130ml程度にし、2度目の加熱を表示時間＋8分に変更してください。

パスタの茹で時間が12分より長い場合:水を170〜180ml程度にし、2度目の加熱を表示時間＋8分に変更してください。

broccoli and bacon cream penne

ブロッコリーとベーコンのクリームペンネ

クリームと具材の旨みがしっかりと染み込んだペンネ。
ブロッコリーはやわらかく煮て、くずしてソースにからむように仕上げます。

材料（2人分）

ブロッコリー …………………………… 1個（200g）	生クリーム ………………………………… 200ml
ベーコンブロック………………………… 60g	A 水………………………………………… 150ml
にんにく ………………………………… 1片	塩…………………………………………小さじ1
	ペンネ（茹で時間12分のもの）…………… 140g
	黒こしょう ………………………………… 少々

作り方

1 ブロッコリーは小房に分けて洗い、水気をきる。ベーコンは1cm角に
　切る。にんにくは薄切りにする。
2 ライスポットにブロッコリー、ベーコンを入れてにんにくをのせ、ふた
　をして弱火で10分加熱する。
3 ふたを開けてペンネと**A**を加えて混ぜ合わせ、ふたをしてさらに弱火
　で20分加熱する。
4 器に盛り、黒こしょうをふる。

＊ペンネ以外のショートパスタで代用も可能です。
パスタの茹で時間が12分より短い場合：水を120〜130ml程度にし、2度目の加熱を表示時間＋8分に変更してください。
パスタの茹で時間が12分より長い場合：水を170〜180ml程度にし、2度目の加熱を表示時間＋8分に変更してください。

chicken pho

鶏肉のフォー

鶏肉の旨みを引き出したスープにフォーを加えて茹で、
具材、スープ、麺をワンポットで仕上げます。

材料（2人分）

鶏もも肉 ……………………………………1枚（300g）
塩 ………………………………………………小さじ1
長ねぎ …………………………………………1本
もやし …………………………………………100g
しょうが ………………………………………1片
A ┌ ナンプラー ………………………………大さじ1
　│ 砂糖 ………………………………………小さじ1
　└ 水 …………………………………………800ml
フォー …………………………………………100g
紫玉ねぎ・パクチー・ライム………………各適量

作り方

1 鶏肉は余分な脂を取り除き、表面に塩をまぶす。長ねぎは斜め薄切り
にする。しょうがは薄切りにする。

2 ライスポットに長ねぎ、もやし、しょうがを入れて鶏肉をのせ、ふたを
して弱火で20分加熱する。

3 ふたを開けて**A**とフォーを加え、ふたをしてさらに弱火で10分加熱する。

4 **3**のスープとフォーを器に盛り、鶏肉を食べやすい大きさに切っての
せる。好みで紫玉ねぎの薄切り、パクチー、ライムをのせる。

＊フォーは戻さずにそのままスープに加えて茹でます。

スープに浸かるようにフォーを加えて茹
で、旨みを染み込ませます。

chinese steamed rice

中華おこわ

五香粉を加えた特有の香りが食欲をそそる台湾風のおこわ。

材料(4人分)

米 ……………………………… 1カップ(180ml)		水………………………………………… 300ml	
もち米 ……………………………… 1カップ(180ml)		しょうゆ……………………………………… 大さじ2	
しいたけ ……………………………………… 4枚(80g)	**A**	酒………………………………………… 大さじ2	
にんじん ……………………………………… 1/4本(40g)		砂糖……………………………………… 大さじ2	
豚こま切れ肉…………………………………100g		五香粉……………………………………… 小さじ1	
桜えび(乾燥)………………………………… 大さじ2			

作り方

1 米、もち米は合わせて研ぎ、ざるにあげる。

2 しいたけは軸を落として5mm幅の薄切りにする。にんじんはせん切りにする。

3 ライスポットに**1**を入れ、**A**を加えて軽く混ぜ、**2**と豚肉、桜えびをのせる。ふたをして「白米・ふつう・3カップ」に設定して炊く。

※米を3カップで炊く場合は米1.5カップ、もち米1.5カップ、**A**を水450ml、しょうゆ大さじ3、酒大さじ3、砂糖大さじ3、五香粉大さじ1に変更し、「白米・ふつう・4カップ」に設定して炊いてください。

※調味料が底に溜まると焦げやすくなるため、材料を入れたらすぐに炊飯するようにしてください。

DESSERT
RECIPES
デザート

ガトーショコラ

弱火でじっくりと火を通したホールのガトーショコラ。
しっかり冷やしてからいただくのがおすすめです。
バニラアイスや生クリーム、お好みのベリーなどを添えても。

材料（直径23cm 1台分）

チョコレート ································· 75g
バター（食塩不使用） ····················· 60g
グランマルニエ ··························· 大さじ1
生クリーム ······························· 50ml
卵 ··································· 3個（150g）
砂糖 ···································· 80g
ココアパウダー ··························· 50g
薄力粉 ·································· 20g
粉砂糖 ·································· 適量

下準備

ライスポットにオーブンシートを敷き、ふたに布巾を巻く。
（右写真参照）

作り方

1 チョコレート、バターは1〜2cm角に切ってボウルに入れ、湯煎にかける。溶けたら湯煎から下ろし、グランマルニエを加えて混ぜ合わせる。

2 卵は卵黄と卵白に分ける。卵黄に砂糖の半量を加えて泡立て器で混ぜ合わせ、1を加えて混ぜ、生クリームを加えてよく混ぜ合わせる。ココアパウダーと薄力粉をふるいながら加え、粉っぽさがなくなるまで混ぜる。

3 卵白は残りの砂糖を加えてハンドミキサーで角が立つまで泡立てる。1/3を2に加えて泡立て器で混ぜ、残りを加えてゴムベラで均一になるまで混ぜ合わせる。

4 ライスポットに3を流し入れ、ふたをして弱火で40分加熱し、オーブンシートごとポットから取り出す。粗熱が取れたら冷蔵庫で冷やし、オーブンシートを外して裏返し、粉砂糖をふる。

少量の水で湿らせたオーブンシートを丸めてから広げ、ポットに敷きます。

水滴が落ちないようにふたに布巾を巻きます。

いちごとスパイスのコンフィチュール

ジャムよりも糖度が低く、果実の形が残る仕上がりです。
白ワインとスパイスが効いていて、冷やしても美味しくいただけます。

材料（作りやすい分量）

いちご……………………………2パック（500g）	白ワイン……………………………大さじ2
砂糖………………………………大さじ4	レモン汁…………………………………大さじ1
	A シナモンパウダー………………………少々
	クローブパウダー………………………少々
	カルダモンパウダー……………………少々

作り方

1 いちごはヘタを取って洗う。
2 ライスポットに**1**を入れ、砂糖をまぶして約30分おく。
3 **A**を加え、ふたをして極弱火で20分加熱する。そのまま冷まし、味を
　含ませる。

＊保存期間：冷蔵庫で1週間程度

pear red wine compote

洋梨の赤ワインコンポート

果実味を残したまま赤ワインとスパイスの風味をとじこめたコンポートです。

材料（作りやすい分量）

洋梨	2個（400g）		赤ワイン	100ml
砂糖	大さじ4	A	レモン汁	大さじ1
			シナモンスティック	1本
			八角	1個

作り方

1 洋梨は縦4等分に切り、芯を取って皮をむく。

2 ライスポットに**1**、砂糖、**A**を加え、ふたをして極弱火で20分加熱する。

3 ふたを開けて洋梨を裏返し、ふたをしてさらに極弱火で10分加熱する。そのまま冷まし、味を含ませる。

＊保存期間：冷蔵庫で1週間程度

DESSERT RECIPES

しっとりバナナケーキ

バナナを生地にたっぷりと加えた素朴な味わいのバナナケーキ。
外側はカリッと、内側はしっとりと仕上がります。
ティータイムはもちろん、朝食にもどうぞ。

材料（直径23cm 1台分）

バナナ	2本（200g）
卵	2個（100g）
砂糖	100g
バター（食塩不使用）	100g
A 薄力粉	200g
ベーキングパウダー	小さじ1（6g）

下準備

・バターは1cm角に切り、耐熱容器に入れてラップをかけ、600Wの
電子レンジで50〜60秒加熱して溶かす。

・ライスポットにオーブンシートを敷き、ふたに布巾を巻く。
（P89：プロセス写真参照）

作り方

1 バナナをボウルに入れ、フォークでつぶす。

2 溶いた卵を加えて泡立て器で混ぜ、砂糖、溶かしたバター、Aの順に
加えてその都度混ぜ合わせる。

3 ライスポットに2を流し入れ、ふたをして弱火で40分加熱し、オーブ
ンシートごとポットから取り出す。オーブンシートを外し、裏返す。

baked apple

焼きりんご

弱火でじっくりと蒸し焼きにしてりんごの甘みを引き出します。
甘酸っぱく、焼き上がりの色も綺麗にでる紅玉がおすすめです。

材料（作りやすい分量）

りんご……………………………………… 4個（800g）
バター…………………………………………… 20g
砂糖………………………………………… 大さじ2
レーズン …………………………………… 大さじ2
ラム酒 …………………………………… 大さじ2
バニラアイス・シナモンパウダー ……………… 適量

作り方

1 りんごはよく洗って、芯をくり抜く。

2 ライスポットに1を並べ、くり抜いた部分にバター、砂糖、レーズン、ラム酒を1/4ずつ詰め、ふたをして弱火で40分加熱する。

3 器に盛り、バニラアイスを添え、シナモンパウダーをふる。

芯をくり抜いた部分にレーズンなどを詰めます。

星野奈々子 ほしのななこ

料理家。慶應義塾大学卒業後、日本IBMにてITエンジニアとして働きながら、数多くの料理学校・料理教室に通い、退社後に独立。ル・コルドン・ブルー代官山校フランス料理ディプロマ取得。フレンチから和食、エスニック、中華と幅広いジャンルを得意とし、作りやすくておしゃれなレシピが人気。現在は企業のレシピ開発を中心に活動している。『かんたんWECK FOOD』『はじめての台湾料理』『カラダにやさしい オートミールの朝食とおやつ』（PARCO出版）など著書多数。

https://hoshinonanako.com

バーミキュラ ライスポット　絶品おまかせ料理
2023年3月1日　第1刷

著　　　　者 ： 星野奈々子
デ ザ イ ン ： 久能真理
写　　　　真 ： 鈴木信吾（SKYLIFE studio）
スタイリング ： 津金由紀子
撮影アシスタント ： sue
校　　　　正 ： 聚珍社
小 物 協 力 ： UTSUWA

協　　　　力 ： バーミキュラ／愛知ドビー株式会社
　　　　　　　　https://www.vermicular.jp
　　　　　　　　バーミキュラ コールセンター
　　　　　　　　電話 ： 052-353-5333
　　　　　　　　［電話受付時間］
　　　　　　　　月-金 ： 9:00-12:00／13:00-17:00
　　　　　　　　infomail@vermicular.jp

発　行　人 ： 宇都宮誠樹
編　　　集 ： 熊谷由香理
発　行　所 ： 株式会社パルコ　エンタテインメント事業部
　　　　　　　　〒150-0042　東京都渋谷区宇田川町15-1
　　　　　　　　https://publishing.parco.jp

印 刷 ・ 製 本 ： 図書印刷株式会社

Printed in Japan
無断転載禁止

ISBN 978-4-86506-411-7 C2077
©2023 Nanako Hoshino